MAQUILLAGES

EN CINQ MINUTES

MAQUILLAGES

EN CINQ MINUTES

par Snazaroo

EDITIONS FLEURUS

Éditions Fleurus, 15-27 rue Moussorgski, 75018 Paris

Collection Idées-Jeux

Traduction française : Hélène Costes

Accessoires : Deri Robins
Maquillages : Lauren Cornell, Lyn Muscroft,
Carol Richards, Kirsten Stewart
Maquette : Pinpoint Design Co.
Photographie : Roger Crump
Maquette couverture : Terry Woodley

Titre original en langue anglaise : *Five minute faces*

ISBN 2 215 01797-X
Dépôt légal : janvier 2001
13e édition - n° 92197
Imprimé et relié en France
par ***Partenaires-Livres***®

Sommaire

Pendant des centaines d'années, les hommes se sont peint le visage pour effrayer leurs ennemis, apaiser leurs dieux, amuser leur public ou simplement pour le plaisir. De nos jours, les bons maquilleurs sont très demandés à toutes sortes d'occasions : anniversaires d'enfants, kermesses, fêtes et carnavals.

Les produits modernes de maquillage permettent à tous d'obtenir d'excellents résultats en un minimum de temps. Les fards à l'eau sont d'un emploi extrêmement simple. Même si vous n'avez pas de don particulier, vous pourrez aisément reproduire les motifs de ce livre, et nous l'espérons, en inventer de nouveaux.

Une question de pratique

Nous avons voulu vous proposer dans ce livre un choix de motifs qui nous ont semblé à la fois amusants et faciles à réaliser. Pour chaque motif, vous trouverez une photographie en gros plan et des instructions détaillées. Avec un peu de pratique, vous pourrez faire chacun de ces maquillages en moins de cinq minutes !

La plupart des gens sont surpris par l'extrême facilité et la rapidité avec laquelle on peut obtenir des effets spectaculaires. Les motifs les plus simples ne demandent que quelques minutes, et, très vite, vous vous apercevrez que vous pouvez réaliser des maquillages de plus en plus complexes en un temps de plus en plus court.

Costumes et accessoires

Quelques accessoires peuvent accentuer considérablement l'effet obtenu par le maquillage. Aussi, en plus des conseils de maquillage, vous apprendrez dans ce livre comment confectionner toutes sortes de chapeaux et d'autres accessoires, comme un diadème de princesse ou une crinière de lion. Sans parler du plaisir que l'on peut avoir à les fabriquer, ils pourront éventuellement remplacer à peu de frais déguisements et panoplies que l'on trouve dans le commerce.

Commencez à constituer un coffre à déguisements, vous pourrez le remplir de vêtements trouvés chez des fripiers ou dans des ventes de charité. Soyez à l'affût des vieux chapeaux en feutre, des boas en plumes, des rideaux de tulle, des tissus soyeux et brillants, des morceaux de fourrure synthétique et de dentelle. Vous pouvez aussi acheter postiches et perruques dans un magasin de farces et attrapes.

Par-dessus tout, nous espérons que ce livre vous apportera à vous et à vos modèles une joyeuse inspiration et autant de plaisir que nous en avons eu à le concevoir.

Le matériel

Il est inutile d'acheter des quantités de produits onéreux, mais les articles suivants sont plus ou moins nécessaires :

Fards à l'eau

Tous les maquillages de ce livre ont été réalisés avec des fards à l'eau. On les trouve en palettes ou en pots de couleurs séparés. Une palette de 12 couleurs devrait suffire pour commencer, mais si vous avez l'intention de faire beaucoup de maquillages, les pots peuvent s'avérer plus économiques. Il existe aussi des couleurs fluorescentes.

Le maquillage à l'eau est facile à appliquer. Il sèche vite et tient très bien. On peut mélanger les couleurs pour avoir d'autres teintes, mais surtout il s'enlève simplement à l'eau et au savon, y compris sur les vêtements. Bref, il a tout pour plaire aux parents !

On trouve maintenant les produits de maquillage de fête un peu partout : dans les magasins de farces et attrapes ou de fournitures pour activités manuelles, les grandes surfaces, parfumeries, magasins de jouets et même certaines librairies.

Il vaut mieux ranger tout son matériel dans une boîte facile à transporter. Un panier à compartiments ou une boîte à outils en plastique feront très bien l'affaire.

Fards et crayons gras

Nous vous conseillons d'utiliser avec parcimonie les maquillages gras. Ils sont en effet difficiles à appliquer pour les débutants. On arrive mal à faire des traits fins, et il est pratiquement impossible de réaliser des motifs compliqués.

Les crèmes de maquillage pour le théâtre sont à base de corps gras et difficiles à enlever. L'effet produit est assez lourd car ce type de maquillage doit être vu de loin. Les couleurs ont parfois tendance à se brouiller. De plus, on ne peut pas mélanger les couleurs avant de les passer sur la peau.

Pinceaux et éponges

Pour avoir une technique de maquillage aussi variée que possible, achetez une série de pinceaux de tailles différentes. Il vaut mieux acheter des pinceaux d'artiste de bonne qualité ou des pinceaux « spécial maquillage ». Nous vous conseillons d'utiliser des pinceaux en oreille de bœuf ou des pinceaux en martre.

Les pinceaux à poils de martre sont beaucoup plus chers, mais ils offrent plus de possibilités ; on peut faire des traits fins ou épais avec le même pinceau. Il existe des pinceaux fabriqués avec un mélange de nylon et de poils

de martre qui sont aussi très efficaces.

Les éponges spéciales pour le maquillage sont les plus pratiques, mais, à défaut, on peut essayer d'utiliser une éponge pour bébé coupée en morceaux triangulaires de façon à avoir à la fois un bord fin et une surface large.

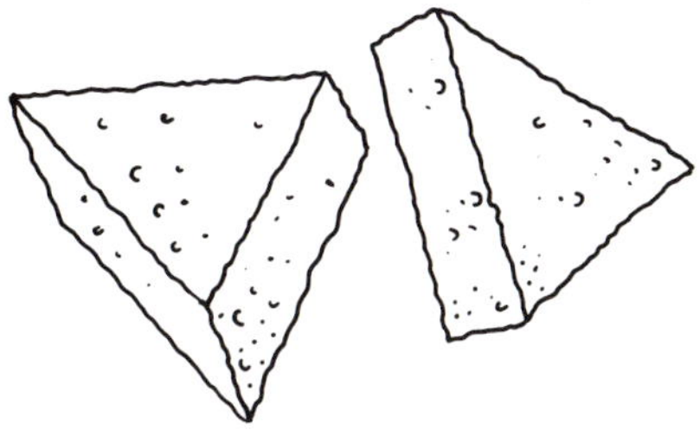

Les paillettes

Nous avons utilisé des paillettes pour certains maquillages de ce livre. Il faut acheter des paillettes en poudre ou du gel pailleté qui sont spécialement conçus pour être utilisés sur le visage. N'essayez pas de coller les paillettes qui sont vendues dans les papeteries pour décorer des cartes.

Ne mettez pas de gel pailleté trop près des yeux du modèle. Il vaut mieux ne pas en utiliser du tout avec de très jeunes enfants. Le gel pailleté s'achète dans les magasins spécialisés dans le maquillage pour le théâtre.

Quelques conseils de plus

Vous pouvez colorer quelques mèches de cheveux du modèle pour achever l'effet du maquillage. Dans ce cas, nous vous conseillons d'appliquer sur les cheveux du maquillage à l'eau avec une vieille brosse à dents ou une éponge humide. Les laques colorantes donnent un bon résultat, mais elles sont d'un emploi plus délicat et sont salissantes. Les habits du modèle risquent d'être tachés. Si vous voulez en utiliser, assurez-vous d'abord qu'il s'agit d'un produit non toxique et qui s'enlève facilement.

Enfin, vous aurez besoin d'un récipient rempli d'eau pour laver pinceaux et éponges, d'une provision de serviettes et de mouchoirs en papier... et d'un miroir qui permettra à votre modèle d'apprécier le résultat final !

Pour d'autres idées de maquillage voir aux Editions Fleurus :
Maquillages d'enfants ; Coiffures et maquillages pour soirées pas ordinaires (coll. Mille pattes),
Maquillages pour jouer ; Maquillages de rêve (série 112),
Maquillages Visages (coll. Savoir créer),
Maqui-bouille (coll. Créajeux)

LA TECHNIQUE DE BASE

Important
Avant tout, assurez-vous que votre modèle n'est pas sujet à des allergies cutanées. Bien que les produits de maquillage à l'eau soient rigoureusement testés, ne peignez jamais le visage de quelqu'un qui a un quelconque problème de peau. Dans le doute, appliquez un peu de fard à l'intérieur du poignet et attendez quelques heures pour voir si des boutons apparaissent.

La préparation
Assurez-vous que vos pinceaux, éponges et fards sont bien propres et disposez-les sur une serviette. Il faut changer régulièrement l'eau que vous utilisez.

Il est inutile de mettre une crème ou d'humidifier le visage avant de commencer. Le maquillage à l'eau se fixe mieux sur une peau propre et sèche.

Si vous respectez les instructions ci-dessous, vous serez déjà en bonne voie sur le chemin du succès.

1 Recouvrez avec une serviette les épaules de votre modèle pour protéger ses vêtements. Écartez les cheveux du visage avec un bandeau ou des pinces.

2 Pour éviter que le modèle bouge, posez une main sur sa tête.

3 Appliquez toujours la couleur de base en premier à l'aide d'une éponge humide. Pour obtenir un bon résultat, il ne faut pas que l'éponge soit trop mouillée.

4 Pour avoir une couleur plus soutenue, laissez sécher la première couche et appliquez-en une seconde.

5 Quand un motif comporte des couleurs claires et foncées appliquez toujours les couleurs les plus claires en premier.

6 Quand vous appliquez une couleur au pinceau, travaillez avec régularité et en lignes continues. Gardez-vous d'être impatient. L'assurance viendra avec la pratique.

7 Contentez-vous de motifs simples. N'oubliez jamais qu'un petit enfant a du mal à rester tranquille plus de cinq minutes !

8 Les petits enfants sont parfois nerveux quand on les maquille. Rassurez-les en leur parlant. Expliquez-leur avec précision ce que vous faites à chaque étape du maquillage.

9 Le maquillage du tour des yeux demande une attention particulière. Pour peindre les paupières, demandez à votre modèle de garder les yeux fermés jusqu'à ce que la couleur soit sèche. Quand vous peignez le dessous des yeux, demandez à votre modèle de regarder en l'air. Évitez de peindre trop près de l'œil.

Remarque : Le maquillage à l'eau marche aussi très bien sur le corps. Peignez des bagues sur les doigts, des bracelets et des montres sur les poignets ou un énorme tatouage sur le bras !

Marche à suivre

Voici, à titre d'exemple, comment nous avons procédé pour réaliser le motif du tigre de la page 26.

1 On a d'abord appliqué une base jaune sur tout le visage avec une éponge humide. Nous avons pris garde à ne pas trop mouiller l'éponge pour éviter les zébrures.

2 On a utilisé une éponge à peine humide pour passer le fard orange sur le pourtour du visage, les joues et les cheveux qui entourent le visage. Nous avons travaillé de l'intérieur vers l'extérieur du visage pour avoir un effet plus régulier.

3 Le blanc autour des yeux et le blanc des babines a été passé avec un pinceau n° 6, de taille moyenne. On a d'abord peint le contour du motif en blanc avant de le remplir avec la même couleur.

4 On a peint le nez en noir à petits coups de pinceau dirigés vers le haut. Le noir a aussi servi à peindre la bouche et les moustaches et à souligner les yeux. Nous avons peint une ligne rouge sous les yeux. Enfin, on a décoré le visage de traits rouges, blancs et noirs avec un pinceau fin.

Une véritable activité

Il arrive un moment où l'on se sent prêt à étendre ses activités au-delà du cercle de sa famille et de ses amis. Même si vous avez l'impression que vos talents sont trop modestes, n'hésitez pas à vous lancer dans les animations. Vous découvrirez que le maquillage a toujours beaucoup de succès auprès des enfants.

Exercez votre savoir-faire

A moins que vous ne viviez dans un endroit très isolé, vous devriez trouver une foule de modèles enthousiastes. Mettez-vous en contact avec le plus grand nombre d'écoles possible, fêtes et carnavals s'y succèdent souvent. Kermesses et fêtes locales sont autant d'occasions d'exercer vos talents. Informez-vous dans la presse locale des événements à venir.

Vous pourriez proposer vos services par le biais d'un simple prospectus, faites-le aussi attrayant que possible et faites parvenir des photocopies aux institutions concernées.

Si vous avez la chance de vivre dans un site touristique, contactez centres de vacances, campings, hôtels et parcs d'attraction. Vous pourriez conclure un accord pour faire des séances de maquillage régulières.

Une fois l'été fini, les anniversaires d'enfants, les fêtes de fin d'année et de carnaval vous procureront d'autres occasions. En fait, un maquilleur déterminé peut être occupé toute l'année !

Tenir un stand

Lors de fêtes ou de manifestations animées, il est important de se détacher de la foule. Un déguisement et un maquillage très coloré sont nécessaires pour attirer l'attention des passants. L'idéal est d'avoir des assistants pour distribuer des prospectus alentour. Leur maquillage pourrait être la preuve éclatante de votre talent !

Faites asseoir vos modèles sur un siège haut pour qu'ils soient visibles des passants. Tout votre matériel doit être rigoureusement propre et en ordre. Personne ne vous laisserait maquiller son enfant avec des fards ou des pinceaux d'aspect douteux.

Faire patienter ses clients

Chaque fois qu'il y a un maquilleur, on voit beaucoup d'enfants faire la queue. Il est indispensable de savoir faire régner l'ordre dans une file d'attente. Si c'est possible, alignez une rangée de sièges : vos modèles changeront de place au fur et à mesure. Sinon, vous pouvez distribuer des tickets avec des numéros que vous appellerez dans l'ordre. Avec un peu de diplomatie, vous devriez arriver à ce que les enfants gardent le sourire !

Création d'ateliers

Les enfants plus âgés seront ravis de s'essayer au maquillage. Vous pourriez envisager de créer des ateliers dans des écoles ou des centres de loisirs. Si vous allez parler de ce projet avec les responsables d'un centre éducatif, munissez-vous de photos pour montrer ce que vous faites. Esquissez aussi à l'avance un plan d'activités pour une séance d'une heure.

Clown

1 Avec une éponge humide, appliquer une base blanche.

2 Peindre le contour rose du motif au-dessus des yeux avec un pinceau et remplir le milieu de bleu.

3 Peindre le nez en rouge. Il faut faire attention à ne pas peindre le dessous des narines.

4 Peindre le contour de la bouche en rouge avant de remplir avec la même couleur.

5 Décorer les joues avec des ronds jaunes et des larmes vertes.

On peut faire le maquillage de clown qui est en bas à droite en procédant de la même façon.

UN CHAPEAU DE CLOWN

Voici ce qu'il faut pour faire un chapeau de clown :

- un vieux chapeau de feutre ;
- des morceaux de feutre de couleurs vives ;
- de la colle ;
- un cure-pipe ;
- une fleur en plastique ;
- de la laine épaisse.

1 Découper des formes dans du feutre de couleur et les coller sur le chapeau.

2 Coudre des brins de laine sous le bord du chapeau.

3 Attacher la fleur à un bout du cure-pipe et fixer l'autre bout dans le ruban.

LE CHAPEAU

Il faut :
- du bristol blanc assez fin ;
- de la colle ;
- du feutre ou du papier noir.

1 Découper dans du bristol blanc la forme indiquée ci-dessous.

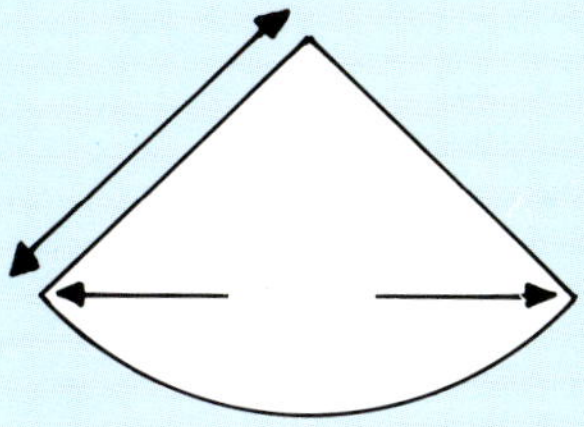

2 Faire un cône en collant les bords l'un sur l'autre.

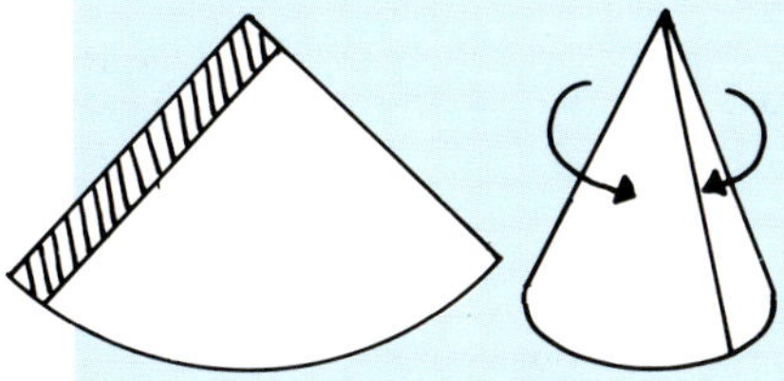

3 Découper des ronds dans du feutre ou du papier noir et les coller sur le chapeau.

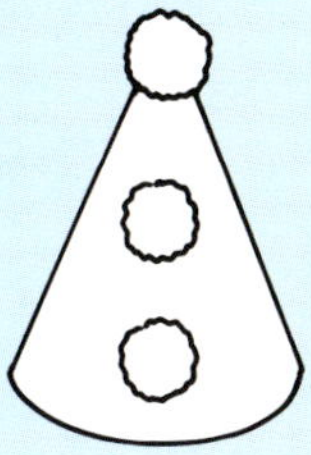

4 Faire un petit trou près du bord de chaque côté du chapeau. Passer les bouts d'un élastique dans les trous et l'ajuster sur votre modèle avant de faire les nœuds.

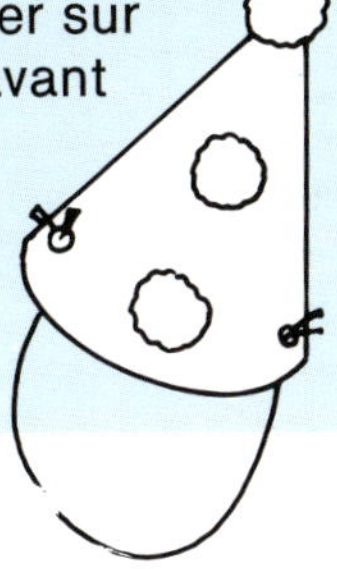

1 Appliquer une base blanche avec une éponge humide.

2 Passer un peu de rose sur les pommettes à l'aide d'une éponge à peine humide.

3 Prendre un pinceau pour peindre l'ombre argentée au-dessus des yeux.

4 Faire les sourcils noirs et les triangles noirs sous les yeux avec un pinceau.

5 Peindre une mince bouche bleue et ajouter une larme bleue sur une joue.

6 Terminer le maquillage en mettant un peu de gel pailleté, mais pas trop près des yeux.

Mascarade

1 Peindre en rose le contour du masque au pinceau et remplir avec la même couleur.

2 Peindre les lignes bleues croisées avec un pinceau fin.

3 Peindre la dentelle blanche autour du masque et la plume avec un pinceau fin.

4 Peindre les fioritures de chaque côté du masque.

5 Peindre les lèvres en rose.

6 Mettre du gel pailleté.

UN CHAPEAU ARGENTÉ

Il faut :
- du bristol fin ;
- de la peinture argentée ;
- de la colle ;
- des paillettes argentées.

1 Découper un morceau de bristol de 65 x 20 cm. Faire des encoches de 2 cm de long de chaque côté.

Les encoches doivent avoir 2 cm de long et être espacées de 2 cm.

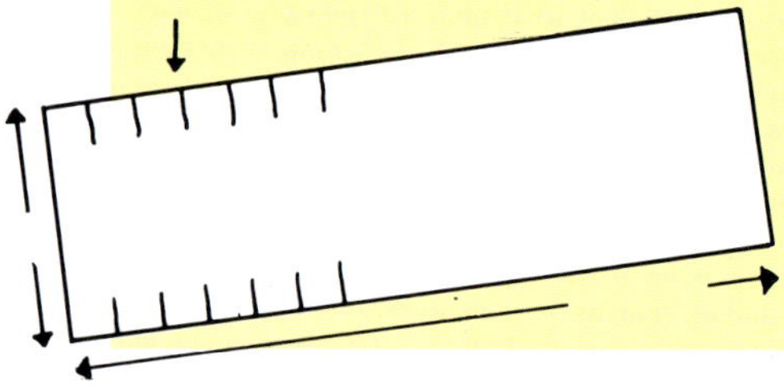

2 Découper le dessus et le bord du chapeau dans du bristol comme indiqué.

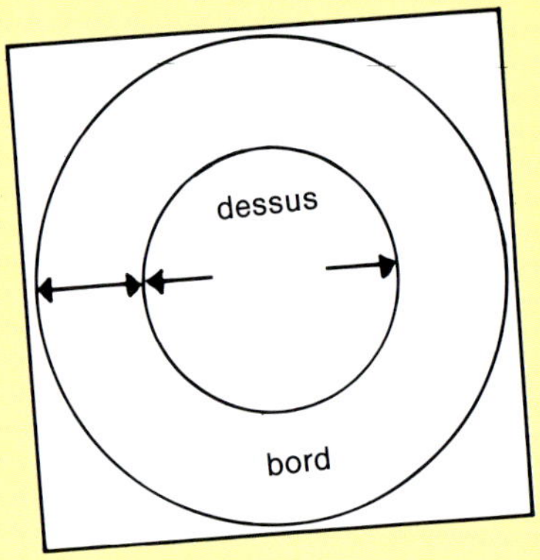

Tracer le cercle à l'aide d'une assiette ou d'un plat rond.

3 Coller le chapeau. Replier les languettes du dessus vers l'intérieur, et celles du bas vers l'extérieur.

4 Enfiler le bord sur le chapeau en le faisant glisser jusqu'en bas. Coller les languettes. Coller le dessus.

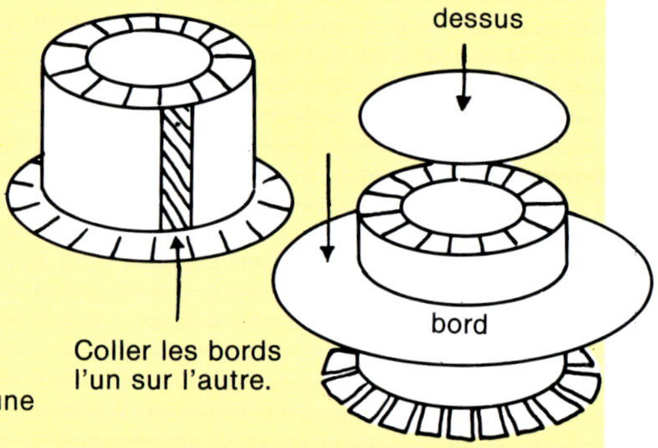

Coller les bords l'un sur l'autre.

5 Peindre le chapeau en argent et laisser sécher. Passer une fine couche de colle et parsemer de paillettes.

Reine des neiges

1 Appliquer une base blanche avec une éponge humide.

2 Passer un peu de fard bleu sur le pourtour du visage avec une éponge à peine humide.

3 Peindre l'ombre argentée au-dessus des yeux au pinceau.

4 Entourer les yeux de bleu au pinceau. Peindre les lèvres, les sourcils et les lignes bleues sur les joues.

5 Peindre les lignes rouges de chaque côté des yeux et sur les joues.

UN LOUP POUR LA REINE

Les perruques scintillantes comme celle de la photo sont difficiles à faire, et il vaut mieux en acheter une dans un magasin de déguisements, mais on peut confectionner ce loup.

Ce qu'il faut :
- un morceau de bristol fin de 15 x 10 cm ;
- de la peinture argentée ;
- des bouts de dentelle ou un napperon en papier ;
- une baguette de 25 cm de long environ.

1 Dessiner le loup sur le bristol et le découper. Découper les trous des yeux.

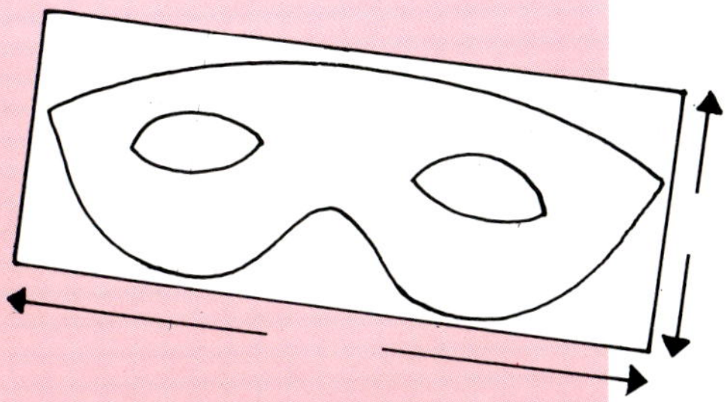

2 Peindre le loup en argent et laisser sécher. Passer une fine couche de colle et saupoudrer de paillettes.

3 Coller de la dentelle ou du papier ajouré autour du loup. Coller ou fixer la baguette sur un côté du loup.

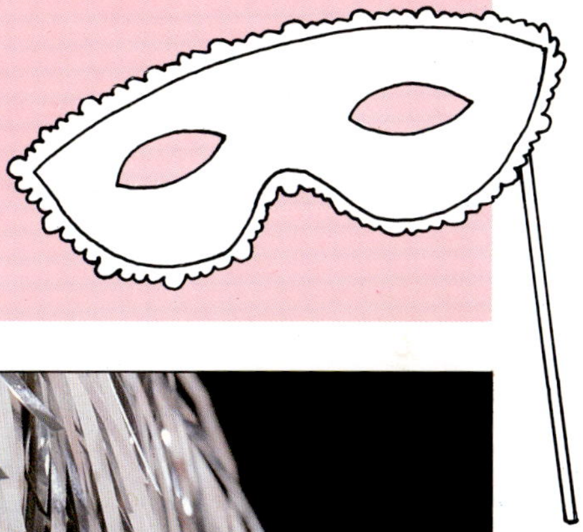

Guerrier indien

1 Appliquer une base brun clair avec une éponge humide.

2 Passer du brun foncé au pinceau autour des yeux.

3 Peindre les lignes en zigzag bleues et jaunes sur le front.

4 Décorer le reste du visage au pinceau en utilisant plusieurs couleurs. On peut faire toutes sortes de motifs différents.

Japonaise

FACILE ET RAPIDE !

1 Appliquer une base jaune avec une éponge humide.

2 Entourer les yeux de noir avec un pinceau.

3 Peindre les lèvres en rouge.

4 Peindre les motifs qui décorent les joues.

UNE COIFFURE FLEURIE

Sur la photo, la petite fille porte des fleurs en soie épinglées à ses cheveux. On peut aussi faire la simple coiffure indiquée ci-dessous.

Il faut :
- un bandeau élastique ;
- du papier crépon de couleur ;
- du ruban adhésif ;
- une aiguille et du fil.

1 Découper le papier crépon en longues bandes d'environ 35 x 5 cm.

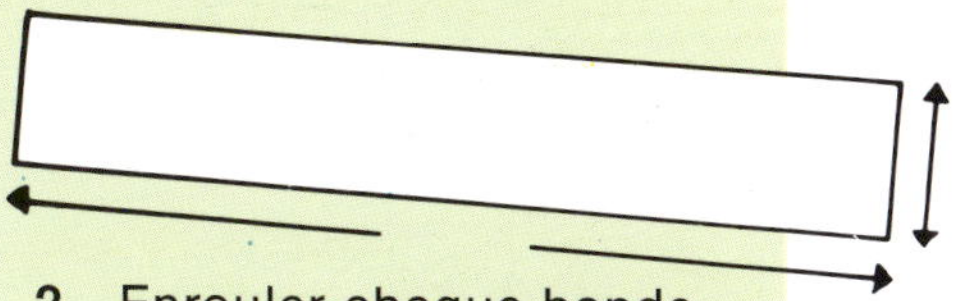

2 Enrouler chaque bande en forme de fleur et fixer le bas avec du ruban adhésif.

3 Coudre un groupe de fleurs sur le bandeau.

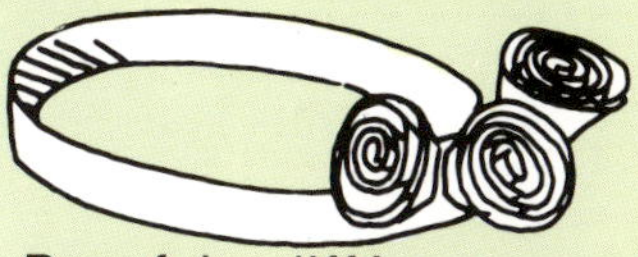

Pour faire différentes sortes de fleurs, découper les bords des bandes de différentes manières.

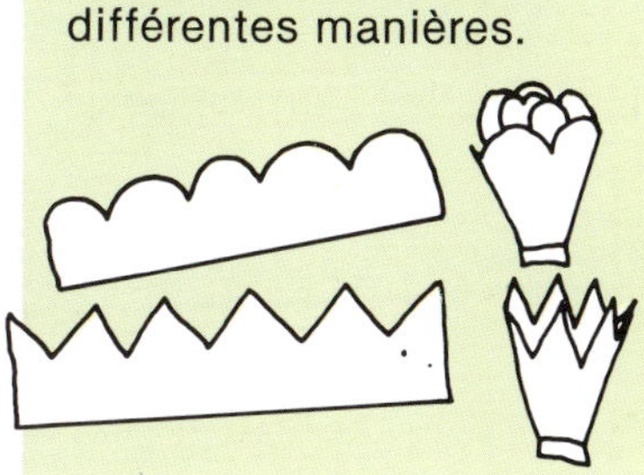

Policeman fou

POLICEMAN

1 Appliquer une base blanche avec une éponge humide.

2 Peindre au pinceau les sourcils broussailleux bleu et vert et les triangles bleus sous les yeux.

3 Peindre le nez et la bouche en rouge.

4 Terminer en peignant les lunettes noires et la barbe frisée.

On peut trouver un casque de policeman comme celui de la photo dans les magasins de déguisements.

BOUFFON

1 Tracer au pinceau une ligne verte au milieu du visage. Colorer la moitié du visage en vert avec une éponge humide.

2 Colorer l'autre moitié du visage en jaune avec une éponge humide.

3 Sur la moitié verte du visage, peindre la bouche et la partie autour de l'œil en doré.

4 Peindre un sourcil vert et sinueux au-dessus de l'autre œil et l'autre moitié de la bouche en vert.

5 Souligner en noir le contour de la bouche, de l'œil doré et du sourcil vert.

LA MAROTTE DU BOUFFON

Il faut :

- une canne ou un bambou de 40 cm environ ;
- du ruban de couleur vive ;
- du feutre ;
- le bas d'un collant ;
- du kapok ou de la ouate de coton ;
- de la colle ;
- une aiguille et du fil.

1 Enrouler le ruban autour de la canne pour la recouvrir. Coller les bouts du ruban.

2 Bourrer le bas d'un collant de kapok ou de ouate pour faire la tête. L'attacher au bout de la canne avec du ruban en laissant les bouts libres.

3 Découper trois triangles en feutre de même taille et les coudre derrière la tête. Coudre un grelot au bout de chaque triangle et sur les bouts du ruban.

4 Découper une bouche, un nez et des yeux dans du feutre et les coller.

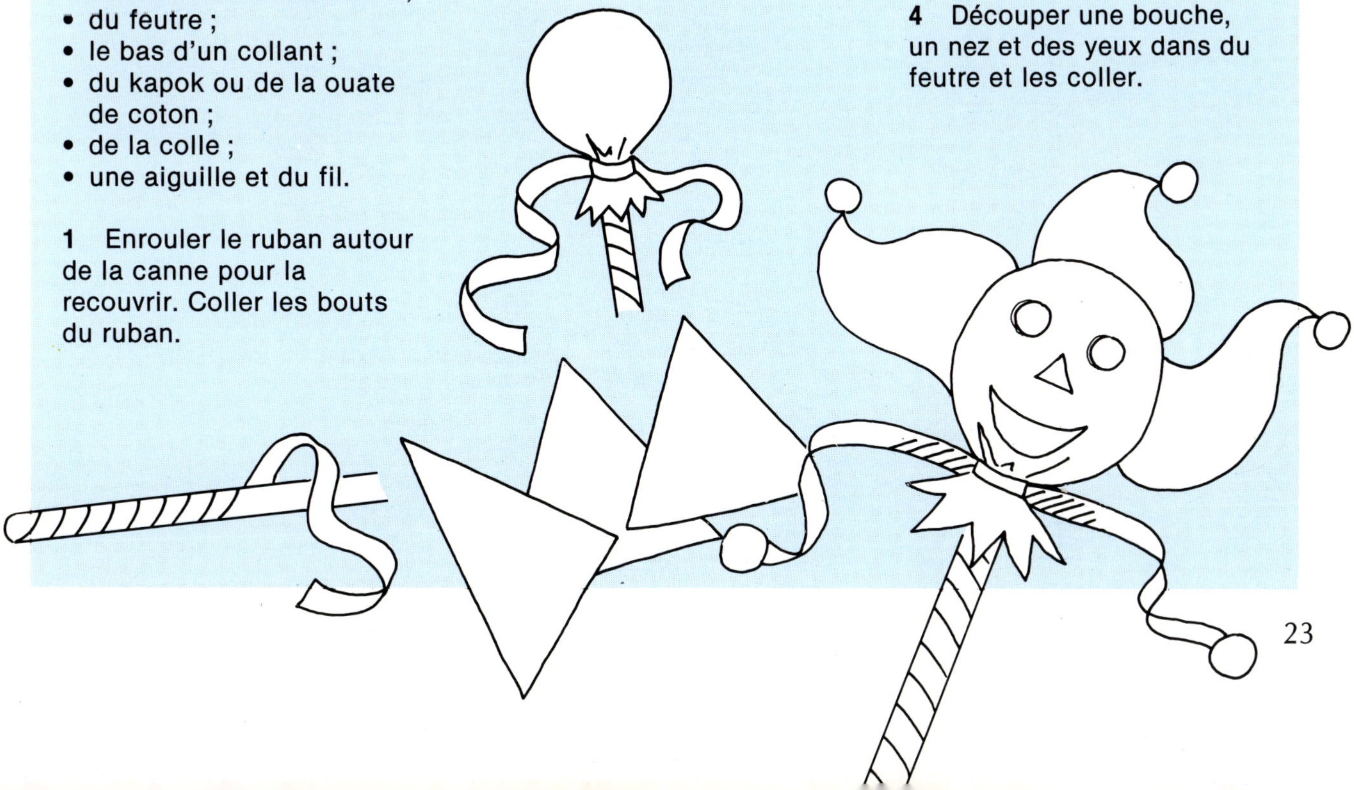

Pirate

1 Avec une éponge humide passer un peu de rouge ou de violet sur un œil pour faire une marque de coup.

2 Tamponner légèrement la joue en noir avec une éponge pour imiter de la barbe.

3 Peindre au pinceau un sourcil noir broussailleux, un bandeau, des moustaches et une balafre.

4 Peindre la tête de mort en blanc, et ajouter après les détails en noir.

UN CHAPEAU DE PIRATE

Il faut :
- un morceau de bristol fin d'environ 45 x 35 cm ;
- de la peinture blanche ;
- de la colle.

1 Plier le bristol en deux et découper deux formes identiques.

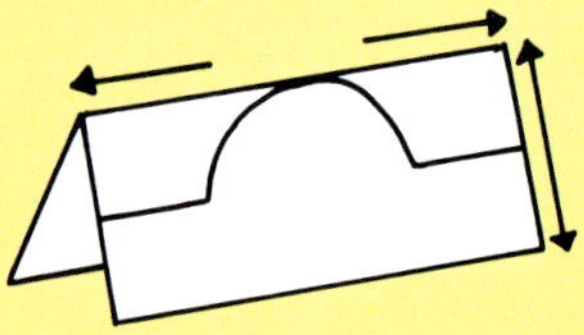

2 Coller les bords comme ceci.

3 Peindre une tête de mort à la peinture blanche sur le devant du chapeau.

SE DÉGUISER EN PIRATE

Voici ce qui peut servir à se déguiser en pirate :
- un tee-shirt rayé
- un vieux pantalon aux bords effilochés
- une longue écharpe nouée autour de la taille
- un vieux gilet
- une boucle d'oreille à clip
- un foulard à nouer autour du cou
- un chapeau de pirate ou une écharpe nouée sur la tête.

Paysage

Les paysages ne sont pas difficiles à peindre et peuvent faire beaucoup d'effet. Commencez par peindre ce paysage de plage avant d'en inventer d'autres. N'oubliez pas que les motifs doivent être les plus simples possible.

1 Passer le bleu du ciel et de la mer sur la moitié supérieure du visage avec une éponge humide. Colorer en jaune le bas du visage pour évoquer le sable. Attendre que les couleurs de base soient bien sèches avant de peindre le reste du décor.

2 Peindre le soleil rouge et son reflet sur l'arête du nez. Puis peindre les oiseaux noirs.

3 Enfin, peindre les deux palmiers avec un pinceau fin. Utiliser différentes nuances de vert pour les feuilles.

Lion

1 Passer une légère couche de fard doré sur tout le visage avec une éponge humide.

2 Avec une éponge à peine humide, passer du jaune ou du brun sur le pourtour du visage.

3 Avec un pinceau, peindre le nez, la bouche et les yeux en noir ou brun foncé.

4 Décorer les joues, le menton et le front de petits traits dorés, bruns et jaunes.

5 On peut colorer quelques mèches de cheveux en doré avec une éponge ou une vieille brosse à dents.

Tigre

1 Appliquer une base jaune sur tout le visage avec une éponge humide.

2 Avec une éponge plus sèche passer de l'orange sur le pourtour du visage, les joues et les cheveux.

3 Peindre le blanc autour des yeux et autour de la bouche avec un pinceau.

4 Peindre les traits noirs autour des yeux.

5 Peindre le nez en noir à petits coups de pinceau dirigés vers le haut.

6 Peindre la raie noire sous le nez et la bouche.

7 Tracer les moustaches noires avec un pinceau fin.

8 Peindre une ligne rouge sous les yeux pour donner une expression féroce.

9 Décorer le reste du visage de petits traits rouges, noirs et blancs avec un pinceau.

UNE CAGOULE DE LION

Il faut :

- de la fourrure synthétique beige (100 x 50 cm environ) ;
- de la laine épaisse beige ;
- deux rubans ;
- une aiguille et du fil.

1 Plier le morceau de fourrure en deux et découper deux formes identiques comme ci-dessous.

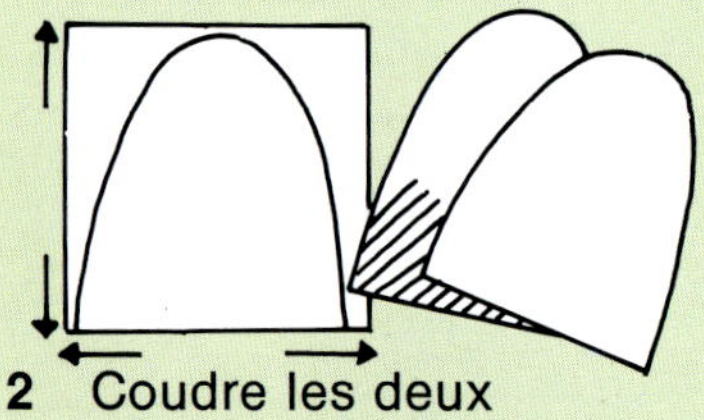

2 Coudre les deux morceaux endroit contre endroit pour faire une cagoule.

3 Retourner la cagoule à l'endroit, l'enfiler sur la tête du modèle et marquer légèrement l'emplacement du visage avec un feutre.

4 Retirer la cagoule. Découper une fente du bas de la cagoule jusqu'à la marque supérieure de l'emplacement du visage. Découper le trou pour le visage.

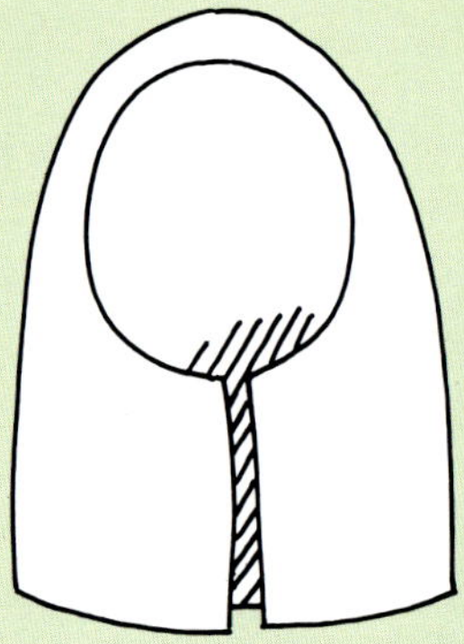

5 Coudre un ruban de chaque côté de façon à pouvoir fermer la cagoule sous le menton.

6 Découper des oreilles dans la même fourrure et les coudre. Ajouter des brins de laine pour faire la crinière.

On peut faire une cagoule de tigre en prenant une fourrure qui imite le pelage du tigre.

Chats

CHAT VERT

1 Appliquer une base vert pâle avec une éponge humide.

2 Passer du vert plus foncé sur le pourtour du visage et l'arête du nez avec une éponge à peine humide.

3 Entourer les yeux de bleu foncé avec un pinceau fin. Peindre le bout du nez, les points au-dessus de la bouche et la bouche en bleu foncé.

4 Décorer le visage de petits traits verts et bleus, comme sur la photo.

CHAT ROSE

1 Appliquer une base blanche avec une éponge humide.

2 Passer du rose pâle sur les joues, le front et le menton avec une éponge à peine humide.

3 Avec un pinceau, colorer le dessus des yeux en rose un peu plus soutenu.

4 Souligner les yeux et les sourcils de rose vif et de violet.

5 Peindre les lèvres en rose vif.

6 Peindre le bout du nez en noir et ajouter une raie noire sous le nez.

7 Entourer la bouche de noir avec un pinceau fin. Peindre les moustaches et les points au-dessus des lèvres.

8 Terminer en décorant le front et les joues comme indiqué. On peut ajouter un peu de gel pailleté.

Chien tacheté

FACILE ET RAPIDE !

1 Appliquer une base jaune avec une éponge humide.

2 Avec un pinceau, souligner un œil en brun et peindre une large tache brune sur l'autre œil. Peindre d'autres taches.

3 Peindre le nez et la bouche en noir. Ajouter les traits noirs sous la bouche.

Utilisez d'autres couleurs et marques distinctives pour faire un chien de votre invention.

Coccinelle

FACILE ET RAPIDE !

1 Appliquer une base rouge avec une éponge humide.

2 Avec un pinceau, faire le pourtour du visage en noir et tracer une raie large et noire au milieu du visage.

3 Peindre les taches noires au pinceau.

COIFFURE DE COCCINELLE

Il faut :
- du bristol rigide ;
- du feutre noir ;
- 2 cure-pipes ;
- un bandeau noir ou rouge ;
- du ruban adhésif ;
- de la colle.

1 Découper deux ronds de 3 cm de diamètre environ dans du bristol.

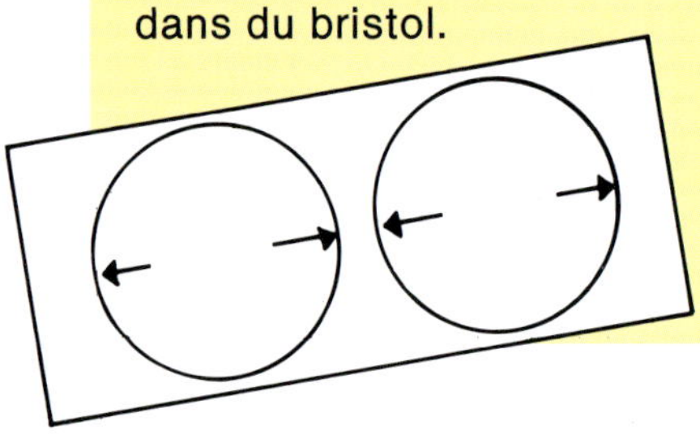

2 Plier le morceau de feutre en deux. S'aider des ronds de bristol pour tracer des cercles et découper 4 ronds de feutre.

3 Coller du feutre sur chaque côté des ronds de bristol.

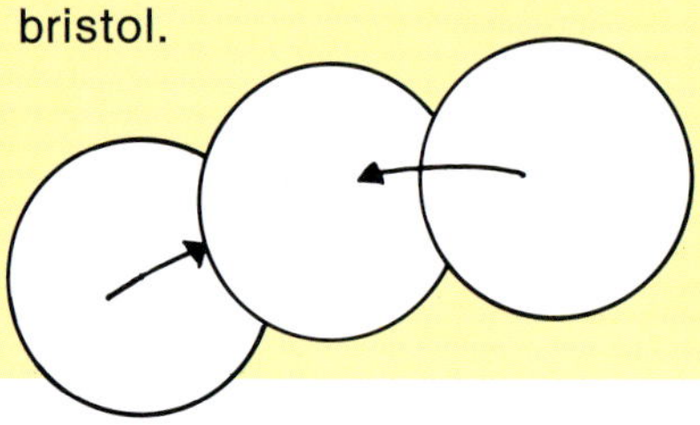

4 Fixer un rond au bout de chacun des cure-pipes.

5 Fixer les cure-pipes avec du ruban adhésif à l'intérieur du bandeau.

6 Pour obtenir un effet plus spectaculaire, on peut acheter un bonnet de ski rouge. Placer le bandeau à antennes sur le bonnet et replier le bord du bonnet.

Lapin

DES OREILLES DE LAPIN

Pour réaliser un modèle un peu plus simple que celui de la photo, il faut :

- de la fourrure synthétique blanche ;
- du tissu rose ;
- du kapok ou de la ouate ;
- un serre-tête en plastique ;
- de la colle ;
- une aiguille et du fil.

1 Coller une bande de fourrure sur le serre-tête, ou coudre un manchon qui s'adapte dessus.

2 Découper deux oreilles dans la fourrure et deux autres dans le tissu rose, comme indiqué.

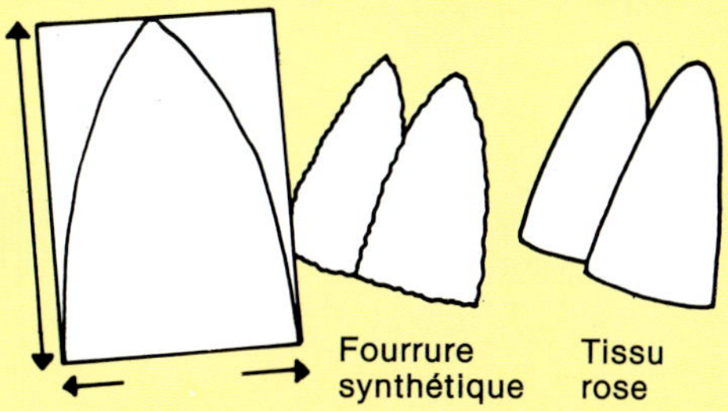

3 Coudre une oreille en tissu sur chaque oreille en fourrure, endroit contre endroit. Laisser le bas ouvert.

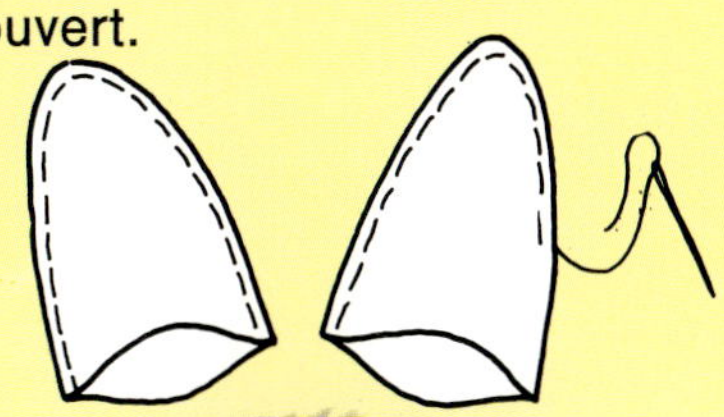

4 Retourner les oreilles à l'endroit et les remplir très légèrement de ouate ou de kapok. Il suffit d'en mettre assez pour les faire tenir droites.

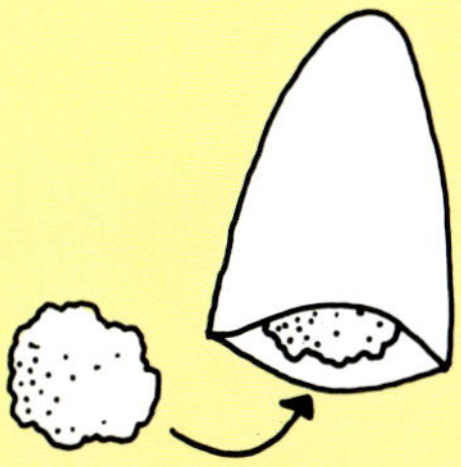

5 Coudre les oreilles sur la fourrure du serre-tête en repliant légèrement les bords inférieurs.

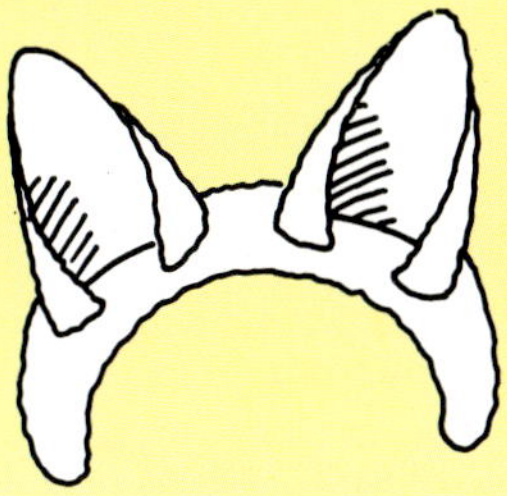

1 Appliquer une base rose avec une éponge humide.

2 Avec une éponge à peine humide, ajouter une très légère touche de rouge sur les joues.

3 Avec un pinceau, peindre le blanc autour des yeux et les dents.

4 Peindre un petit cœur rouge sur le bout du nez avec un pinceau fin.

5 Peindre les sourcils, les cils et les moustaches noirs. Entourer les dents d'un fin trait noir.

Petite souris

1 Appliquer une base rose avec une éponge humide.

2 Avec un pinceau épais, peindre les contours noirs autour du visage et remplir avec la même couleur.

3 Peindre les formes blanches autour des yeux.

4 Peindre les demi-cercles bleus au-dessus des yeux au pinceau fin. Souligner les yeux avec la même couleur.

5 Peindre le petit cœur sur le nez et les lèvres en rouge.

6 Tracer le contour des yeux, du cœur et de la bouche en noir avec un pinceau fin.

UN COSTUME DE SOURIS

1 Les oreilles que l'on voit sur la photographie sont simplement découpées dans du papier et collées sur un bandeau. On peut aussi facilement adapter les oreilles de lapin de la page 31 en utilisant des formes plus rondes, comme indiqué ci-contre.

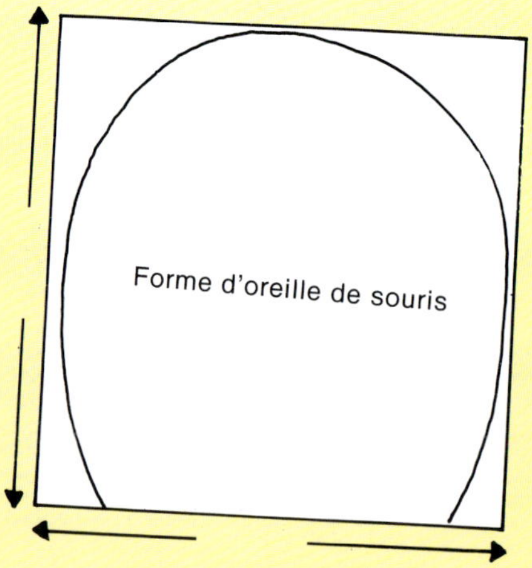

2 Habiller le modèle d'un tee-shirt à manches longues ou d'un justaucorps avec un collant de la même couleur.

3 Faire une queue avec un morceau de corde que l'on coudra sur la culotte du collant.

Guêpe

1 Appliquer une base jaune avec une éponge humide.

2 Peindre des cercles noirs autour des yeux avec un pinceau et remplir de noir.

3 Avec un pinceau, peindre le contour noir de la partie inférieure des ailes sur les joues. Se guider en suivant la courbe des pommettes.

4 Peindre les nervures noires avec un pinceau fin.

5 Peindre la bouche en noir et les antennes sur le front.

DES AILES DE GUÊPE

Un maillot à rayures jaune et noir porté sur un collant noir est un parfait costume de guêpe. On peut aussi peindre des bandes noires sur un tee-shirt jaune avec de la peinture pour tissu, ou coudre des bandes jaunes sur un tee-shirt noir.

Voici ce qu'il faut pour faire une paire d'ailes :

- du bristol noir (70 x 20 cm) ;
- du papier calque ;
- de la colle ;
- une aiguille et du fil ;
- un crayon feutre noir.

1 Plier le bristol en deux et tracer une forme d'aile comme ci-dessous.

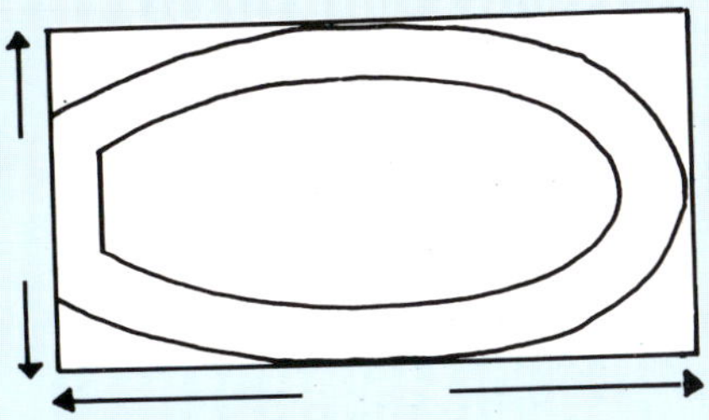

2 Découper le contour des ailes et les déplier. Découper le milieu de chaque aile pour avoir une armature. Coller l'armature en bristol sur la feuille de papier calque.

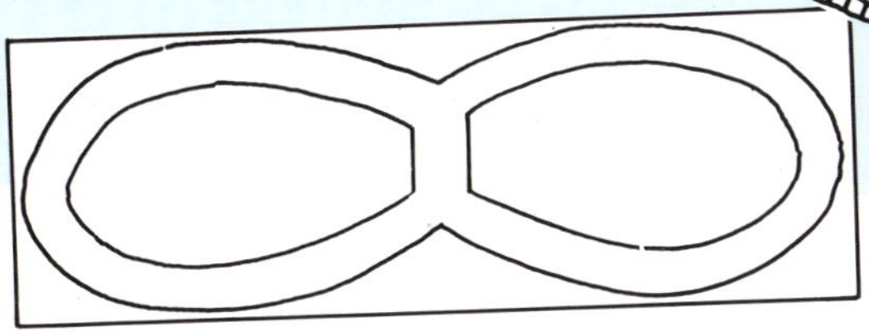

3 Couper le papier calque qui dépasse. Retourner les ailes et tracer des nervures avec un feutre noir.

4 Coudre le milieu des ailes au dos du maillot ou du tee-shirt.

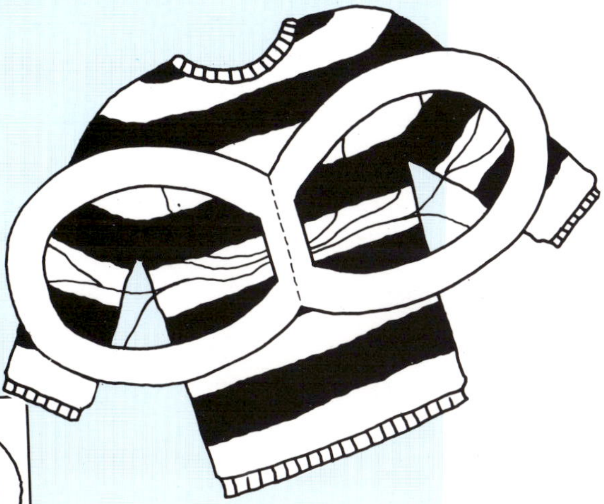

Papillon

1 Appliquer une base blanche avec une éponge humide.

2 Passer du bleu turquoise autour du front, des joues et du menton avec une éponge à peine humide.

3 Avec un pinceau, peindre le contour du motif du papillon en bleu et remplir avec la même couleur.

4 Mettre du rose et du jaune autour du bord des ailes, comme indiqué.

5 Peindre la bouche en rose.

6 Mettre du gel pailleté sur le motif du papillon.

DES AILES DIAPHANES

Il faut :

- un morceau de tissu fin d'environ 60 x 40 cm ;
- des feutres de couleur ;
- une aiguille et du fil.

1 Plier le tissu en deux et tracer la forme représentée ci-dessous.

2 Découper les ailes et les déplier.

3 Décorer les ailes avec des feutres de couleur.

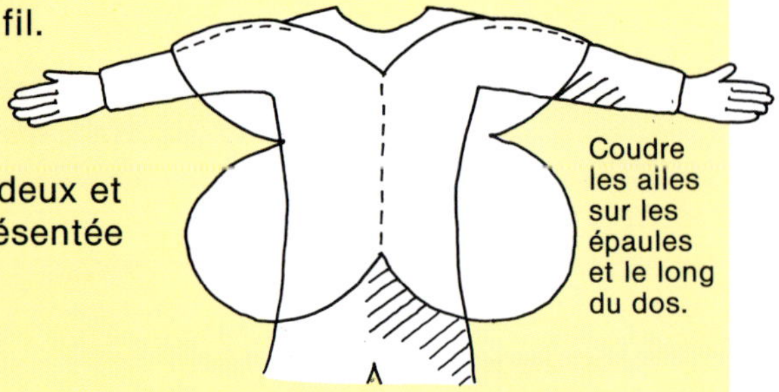

4 Coudre les ailes sur le dos et les épaules du costume du modèle (un justaucorps ou un maillot de bain porté sur un tee-shirt et un collant).

Cœurs et arcs-en-ciel

On peut peindre toutes sortes de motifs sur un visage : cœurs, nuages, oiseaux, arcs-en-ciel et soleils comme sur la photo, mais aussi des fleurs, des cerfs-volants, des bateaux ou des maisons.

Cherchez des idées de motifs dans des livres d'enfants, ou composez des motifs en rapport avec une fête spéciale comme Pâques, Noël ou la Saint-Valentin.

1 On peut mettre une couleur de base avec une éponge humide.

2 Peindre les principaux motifs, tels que les cœurs ou l'arc-en-ciel que l'on voit ici, avec un pinceau.

3 Éventuellement, souligner le tour des yeux avec un pinceau fin.

4 Peindre les lèvres au pinceau.

Vous pouvez aussi peindre des motifs qui rappellent ceux du visage sur les mains, les bras et les chevilles.

Au bal du 14 juillet

UNE CHARLOTTE

Il faut :
- un carré de tissu de 48 cm de côté ;
- du ruban élastique ;
- un liseré de dentelle ;
- une aiguille et du fil.

1 Découper un rond dans le tissu.

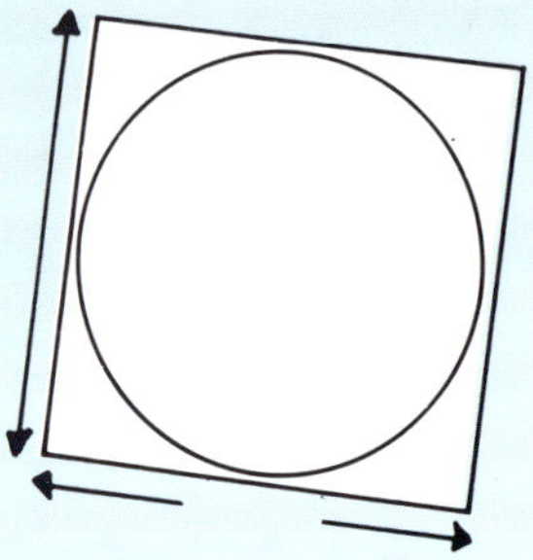

2 Coudre le liseré de dentelle sur l'envers du tissu, puis bien l'aplatir sur l'endroit.

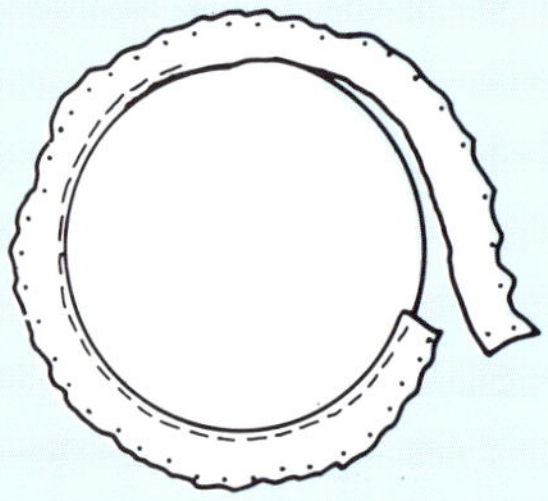

3 Mesurer la longueur d'élastique nécessaire sur la tête du modèle. Il ne doit pas être trop serré.

4 Coudre l'élastique en rond à environ 7,5 cm du bord du bonnet. L'épingler sur l'envers du tissu avant de coudre.

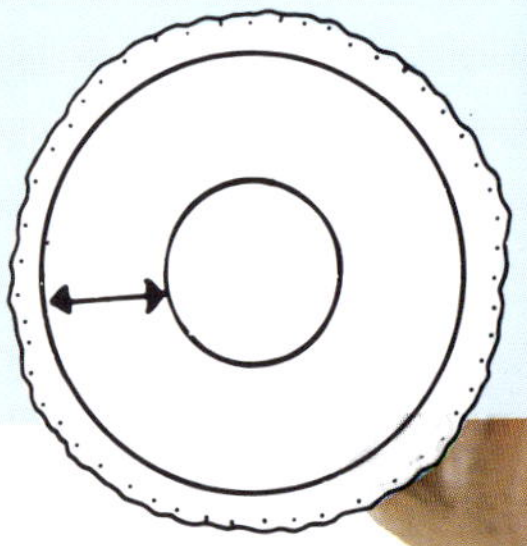

TRÈS RAPIDE !

1 Peindre les paupières en bleu avec un pinceau.

2 Peindre les pommettes et les lèvres en rouge vif.

3 Utiliser un pinceau fin pour peindre des cils bruns ou noirs au-dessus et au-dessous des yeux.

4 Pour terminer, peindre des taches de rousseur brunes sur le nez.

Voilà une charmante révolutionnaire à qui il ne manque plus que la coiffe !

Belle princesse

1 Appliquer une base blanche avec une éponge humide.

2 Passer un peu de rose sur les joues.

3 Avec un pinceau, peindre en rose le tour des yeux jusqu'au-dessus des sourcils et les lèvres.

4 Prendre un pinceau fin pour peindre des sourcils noirs. Souligner les yeux et les prolonger d'un fin trait noir.

5 Peindre un grain de beauté et ajouter du gel pailleté au-dessus des yeux.

UN DIADÈME

Pour faire un modèle simplifié du diadème de la photo, il faut :
- une bande de bristol fin d'environ 60 x 8 cm ;
- du papier aluminium ;
- du papier de couleur ;
- de la colle.

1 Découper la forme du diadème dans le bristol.

2 Passer une fine couche de colle sur un côté du diadème et le presser sur l'envers d'une feuille de papier aluminium.

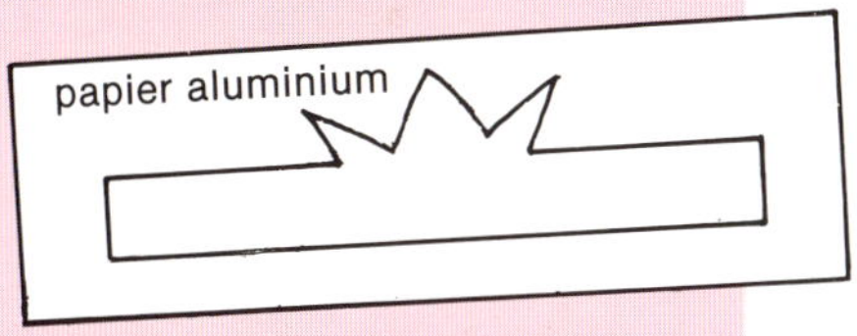

3 Découper tout autour.

4 Découper des formes de pierres précieuses dans du papier de couleur et les coller sur le devant du diadème.

5 Coller ou agrafer les deux bouts du diadème en prenant la dimension de la tête du modèle.

Joyeux anniversaire

RAPIDE ET FACILE !

1 Appliquer une base blanche avec une éponge humide.

2 Passer du rose au-dessus des yeux avec un pinceau.

3 Peindre les sourcils et les lèvres en rose vif.

4 Souligner les yeux en bleu avec un pinceau fin.

5 Décorer le visage de motifs tels que ballons et serpentins, et peindre le message en utilisant des couleurs vives et un pinceau fin.

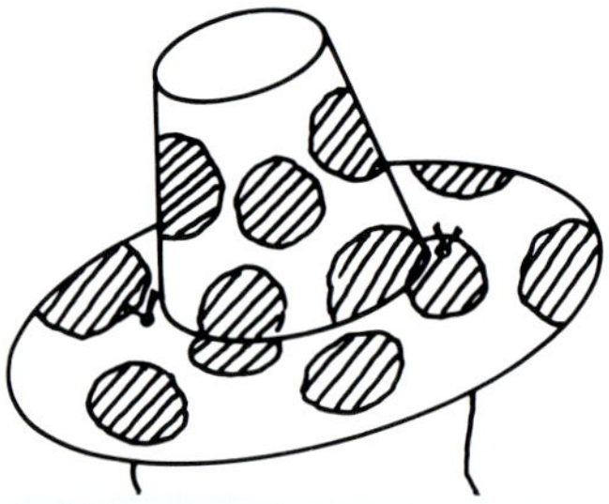

UN CHAPEAU DE FÊTE

Il faut :
- un grand pot de yaourt ;
- du bristol blanc ;
- de la colle ;
- des feutres à bout large ;
- du fil élastique.

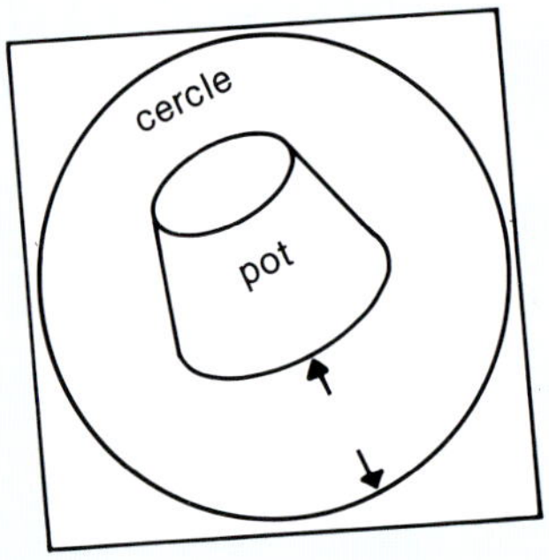

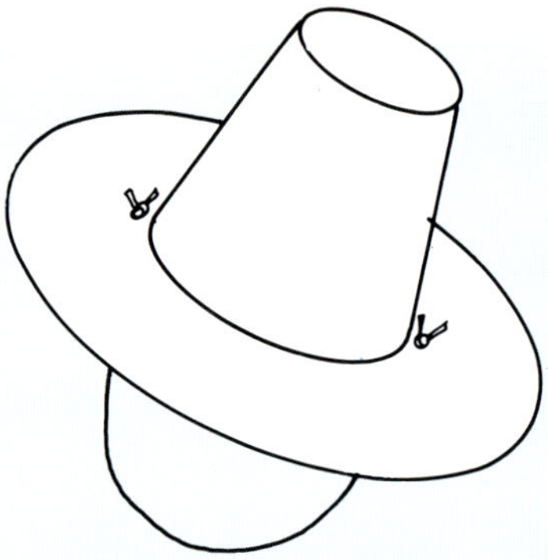

1 Prendre un plat rond pour tracer un cercle sur le bristol. Ce cercle doit être assez grand pour qu'il reste un bord de 5 cm à peu près quand on met le pot de yaourt au centre.

2 Découper le rond de bristol et coller le pot de yaourt au centre.

3 Peindre le chapeau avec des feutres de couleur.

4 Faire un petit trou de chaque côté du bord pour y passer un élastique. Ajuster l'élastique sur la tête du modèle : il ne doit pas trop le serrer sous le menton. Faire les nœuds.

1 Appliquer une base blanche avec une éponge humide.

2 Peindre une paupière en vert et l'autre en violet avec un pinceau.

3 Peindre une lèvre en vert et l'autre en violet.

4 Souligner les yeux de noir avec un pinceau fin.

5 Peindre des lignes en zigzag avec des couleurs vives ou fluorescentes.

6 Décorer avec du gel pailleté et colorer des mèches de cheveux à l'aide d'une éponge ou d'une vieille brosse à dents.

UNE TENUE DE PUNK

Il faut :
- de vieux habits (noirs de préférence) ;
- un grand sac poubelle ;
- une ceinture ;
- des épingles de sûreté.

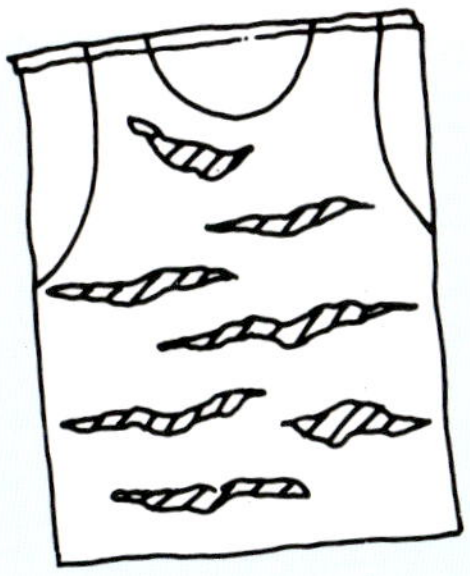

On peut aussi déchirer le sac poubelle

1 Découdre ou couper les habits pour faire des trous. Refermer quelques fentes avec des épingles de sûreté.

2 Découper une tunique dans le sac poubelle avec le côté fermé en haut. Inutile de faire des bords bien nets !

3 Mettre la tunique sur les vêtements déchirés et serrer la tunique à la taille avec une ceinture.

4 Peindre un tatouage sur le bras du modèle. Mettre du vernis noir sur les ongles et faire tenir les cheveux droit sur la tête avec du gel.

Squelette

1 Appliquer une base blanche avec une éponge humide.

2 Peindre le pourtour du visage en noir avec un pinceau.

3 Peindre le pourtour des yeux, le nez et la bouche en noir.

4 Peindre une ligne noire de chaque côté de la bouche jusqu'au pourtour des joues.

Monstre

1 Appliquer une base verte avec une éponge humide en colorant aussi les cheveux qui entourent le visage.

2 Peindre le motif rouge autour des yeux et la bouche avec un pinceau.

3 Peindre le contour des yeux en noir ainsi que le contour du motif rouge et les sourcils broussailleux. Souligner les narines de noir.

4 Peindre les défenses et les points blancs dans le motif rouge des yeux.

5 Parsemer le visage de traits noirs et de taches rouges.

UN COSTUME DE SQUELETTE

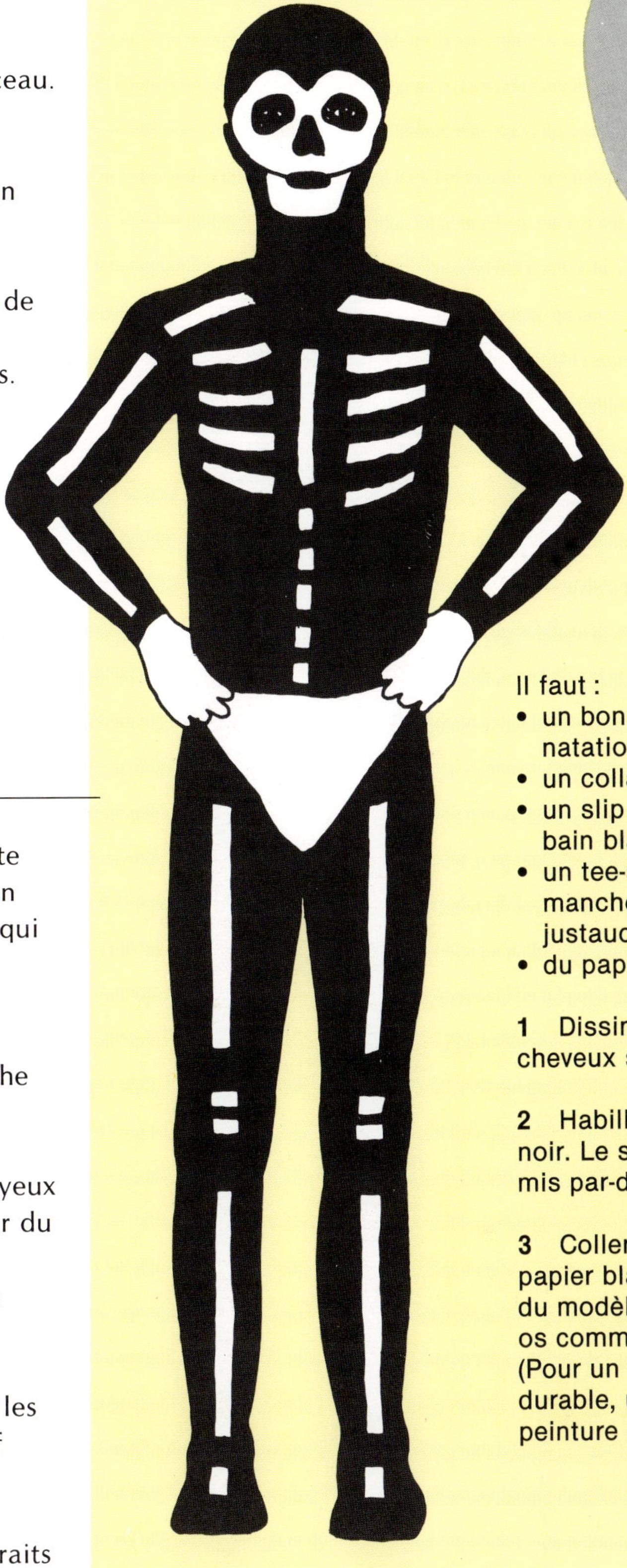

Il faut :
- un bonnet de ski ou de natation blanc ou noir ;
- un collant noir ;
- un slip ou un maillot de bain blanc ;
- un tee-shirt noir à manches longues ou un justaucorps ;
- du papier collant blanc.

1 Dissimuler tous les cheveux sous le bonnet.

2 Habiller le modèle en noir. Le slip blanc doit être mis par-dessus le collant.

3 Coller des bandes de papier blanc sur les habits du modèle pour figurer les os comme sur ce schéma. (Pour un costume plus durable, utiliser de la peinture pour tissu.)

Diable

1 Appliquer une base rouge avec une éponge humide.

2 Peindre le tour des yeux en doré avec un pinceau.

3 Peindre des flammes orange, jaunes et dorées sur les joues et le front.

4 Peindre une barbiche pointue et des sourcils noirs. Prolonger le coin des yeux d'une ligne noire.

Vampire

1 Appliquer une base blanche avec une éponge humide.

2 Avec une éponge à peine humide, ombrer de gris les tempes, le dessous des yeux, les plis de chaque côté de la bouche et le creux des joues.

3 Peindre les paupières en gris avec un pinceau.

4 Peindre des sourcils noirs.

5 Peindre une fine ligne rouge sous les yeux en demandant au modèle de regarder en l'air.

6 Peindre la bouche en rouge. On peut aussi peindre des gouttes de sang de chaque côté de la bouche.

7 Peindre deux dents acérées.

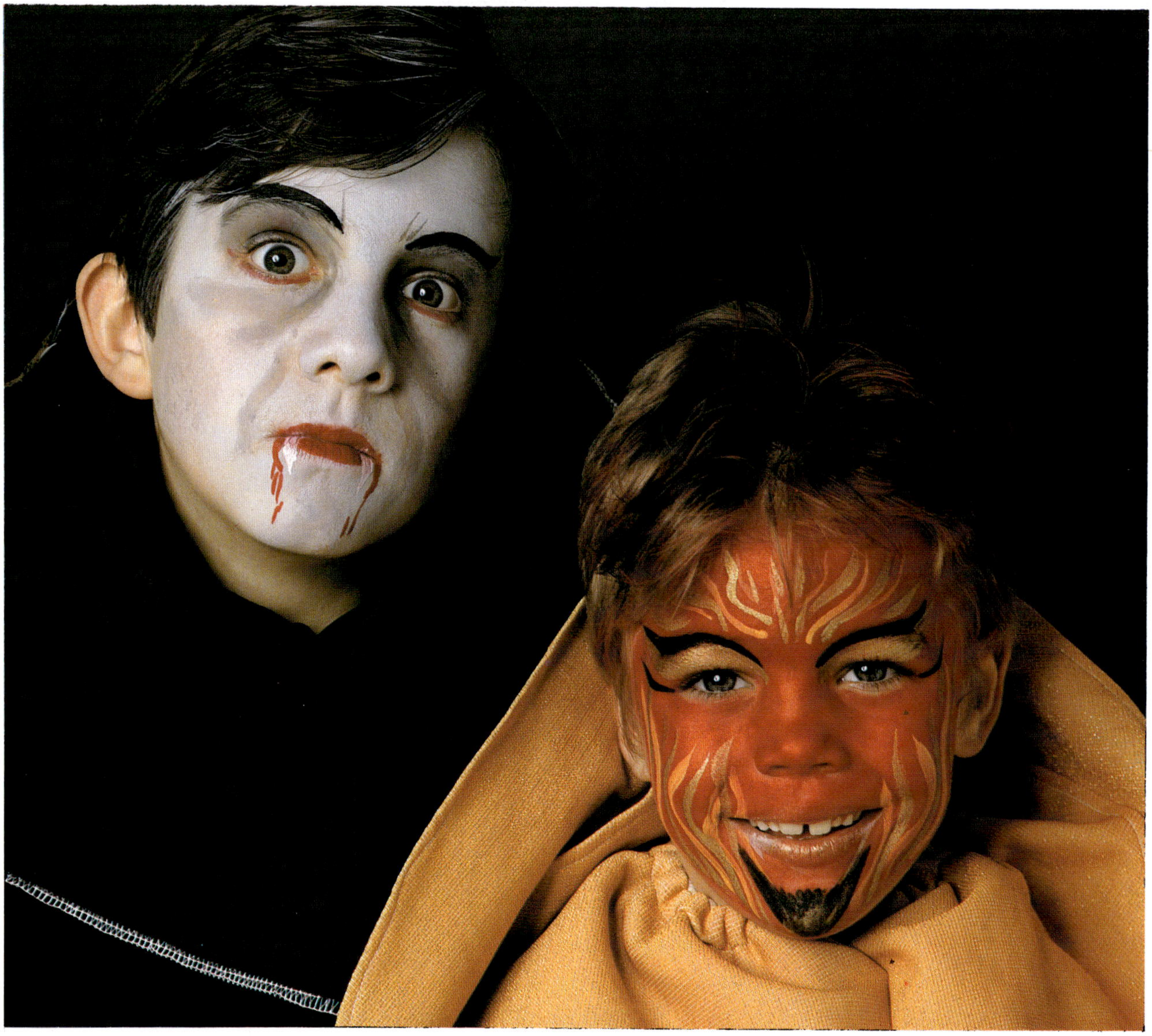

Toile d'araignée

1 Appliquer une base blanche avec une éponge humide.

2 Passer du fard bleu sur le pourtour du visage avec une éponge à peine humide.

3 Peindre le contour du masque noir avec un pinceau et remplir de noir.

4 Peindre en noir la toile d'araignée, l'araignée et la bouche avec un pinceau fin.

5 Ajouter une touche de blanc sur le masque de chaque côté des yeux, et peindre des yeux blancs sur l'araignée.

LE COSTUME

Il faut :

- du tissu très fin noir ou gris ;
- du ruban ;
- de la colle pour tissu ;
- une aiguille et du fil ;
- des paillettes ;
- un mètre de couturière.

1 Mesurer la distance entre les poignets du modèle quand il, ou elle, tient les bras étendus.

2 Reporter cette mesure sur le tissu pour avoir un carré. Arrondir le carré en découpant les coins.

3 Découper un trou au centre du tissu, assez grand pour qu'il s'ajuste autour du cou. Découper une fente d'environ 20 cm de long à partir du col, et coudre un ruban de chaque côté de la fente.

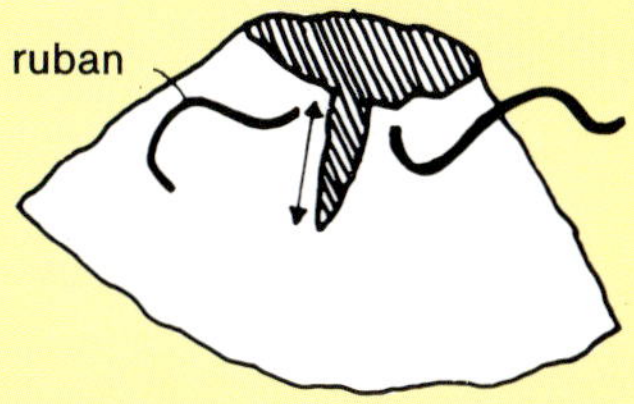

4 Étendre le tissu à plat par terre et y tracer une toile avec de la colle pour tissu. Parsemer de paillettes avant que la colle soit sèche. Laisser sécher.

1 Appliquer une base verte avec une éponge humide.

2 Peindre le tour des yeux, les sourcils et la bouche en noir avec un pinceau.

3 Peindre le chat noir sur le nez, le chaudron et l'araignée.

4 Peindre les étoiles, les yeux et le nœud du chat.

5 Peindre en rouge les coins extérieurs des yeux et les flammes sous le chaudron.

UN CHAPEAU DE SORCIÈRE

Il faut :
- du bristol noir fin ;
- de la colle ;
- du ruban adhésif.

1 Découper le cône et le bord du chapeau dans du bristol noir. Faire un trou dans le bord à la taille de la tête du modèle.

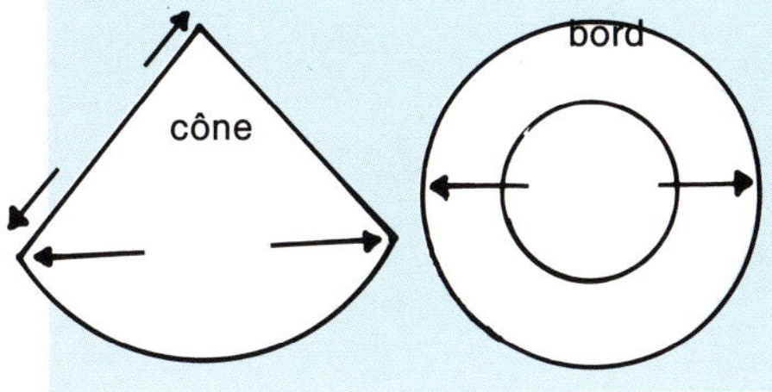

2 Faire des entailles de 1 cm le long du bord inférieur du cône.

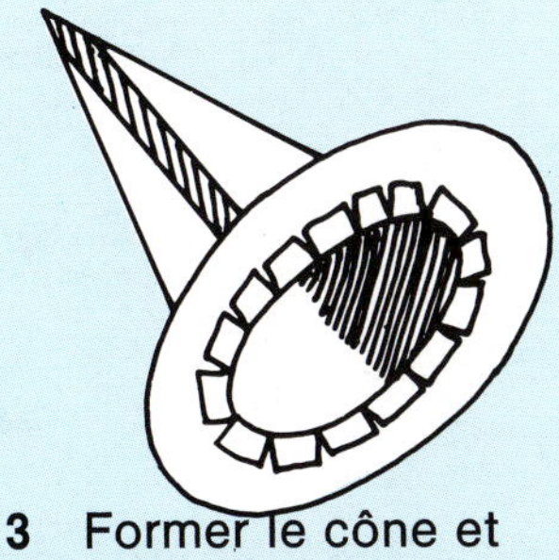

3 Former le cône et l'ajuster dans le bord en le fixant légèrement avec du ruban adhésif. Coller les languettes de la base du cône sur le dessous du bord. Fixer le côté du chapeau avec du ruban adhésif.

UNE CAPE UTILE

Cette cape peut être verte (pour le monstre), rouge (pour le diable), noire doublée de rouge (pour le vampire) ou noire doublée de bleu (pour la sorcière).

Il faut :
- du tissu épais ;
- du tissu de doublure ;
- de l'extra-fort en coton ;
- une aiguille et du fil ;
- un cordon ou un ruban ;
- une épingle de sûreté.

1 Couper le tissu et la doublure aux mêmes dimensions. Mesurer la longueur entre le bord inférieur de l'oreille et la cheville du modèle, et la largeur du tour de hanches. Ajouter 3 cm à ces mesures pour l'ourlet.

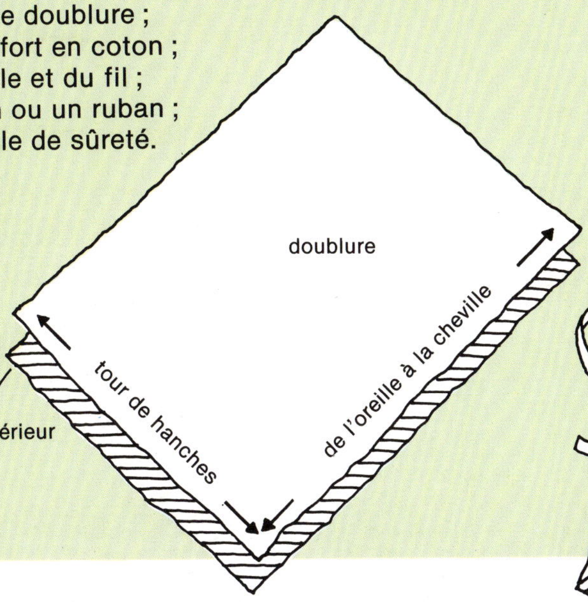

2 Mettre le tissu et la doublure envers contre envers. Coudre un ourlet tout autour en repliant le tissu sur la doublure.

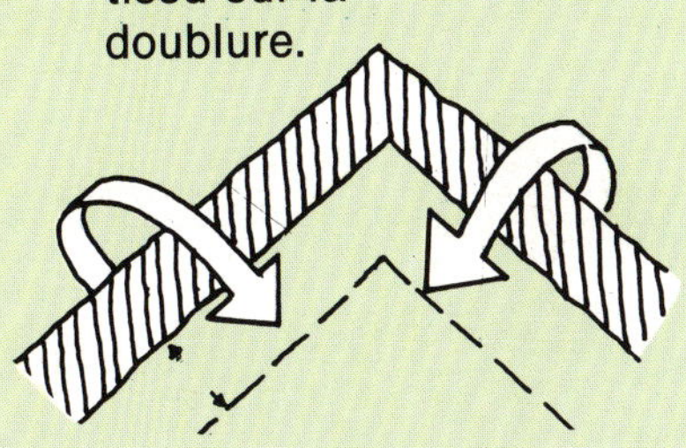

3 Coudre l'extra-fort à environ 10 cm du haut à l'intérieur de la cape. Y passer le cordon ou le ruban à l'aide de l'épingle de sûreté.

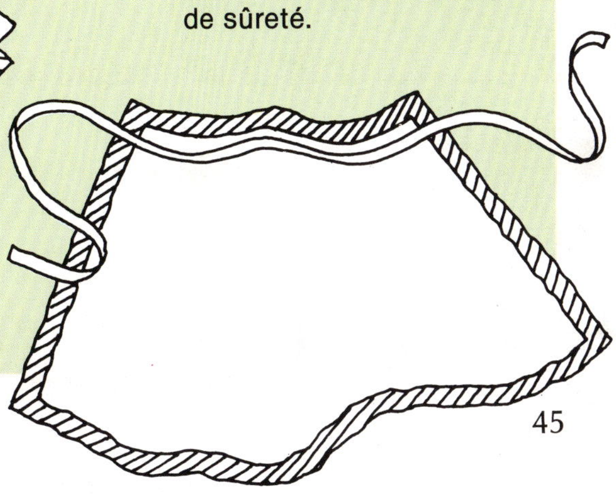